Hebridean Desk Diary 2020

Illustrations by Mairi Hedderwick

This edition published in 2019 by
Birlinn Limited
West Newington House
10 Newington Road
Edinburgh
EH9 1QS

www.birlinn.co.uk

ISBN: 978 1 78027 582 6

British Library Cataloguing-in-Publication Data
A Catalogue record for this book is available from the British Library

Printed and bound by PNB Print, Latvia

Otter . Coll ...
— checking me out ...

These Hebridean sketches have been garnered over a period of fifty years – some whilst living on one of the islands, others as I escaped from mainland exile. Some landmarks are no more – a post box disappeared, the old pier superseded by the new, many hens long gone into the pot. The mountains and headlands and the horizon line of the sea, however, never change – or diminish. And neither do the midges.

The Clyde islands of Arran are not truly Hebridean, but as one set of forebears hailed from Corrie, I am sure that they would have been pleased with its inclusion; as I hope you are with this Hebridean diary.

Mairi Hedderwick

2020

January Am Faoilleach

M	T	W	T	F	S	S
		1	2	3	4	5
6	7	8	9	10	11	12
13	14	15	16	17	18	19
20	21	22	23	24	25	26
27	28	29	30	31		

February An Gearran

M	T	W	T	F	S	S
					1	2
3	4	5	6	7	8	9
10	11	12	13	14	15	16
17	18	19	20	21	22	23
24	25	26	27	28	29	

March Am Màrt

M	T	W	T	F	S	S
						1
2	3	4	5	6	7	8
9	10	11	12	13	14	15
16	17	18	19	20	21	22
23	24	25	26	27	28	29
30	31					

April An Giblean

M	T	W	T	F	S	S
		1	2	3	4	5
6	7	8	9	10	11	12
13	14	15	16	17	18	19
20	21	22	23	24	25	26
27	28	29	30			

May An Cèitean

M	T	W	T	F	S	S
				1	2	3
4	5	6	7	8	9	10
11	12	13	14	15	16	17
18	19	20	21	22	23	24
25	26	27	28	29	30	31

June An t-Ògmhios

M	T	W	T	F	S	S
1	2	3	4	5	6	7
8	9	10	11	12	13	14
15	16	17	18	19	20	21
22	23	24	25	26	27	28
29	30					

July An t-Iuchar

M	T	W	T	F	S	S
		1	2	3	4	5
6	7	8	9	10	11	12
13	14	15	16	17	18	19
20	21	22	23	24	25	26
27	28	29	30	31		

August An Lùnastal

M	T	W	T	F	S	S
					1	2
3	4	5	6	7	8	9
10	11	12	13	14	15	16
17	18	19	20	21	22	23
24	25	26	27	28	29	30
31						

September An t-Sultain

M	T	W	T	F	S	S
	1	2	3	4	5	6
7	8	9	10	11	12	13
14	15	16	17	18	19	20
21	22	23	24	25	26	27
28	29	30				

October An Dàmhair

M	T	W	T	F	S	S
			1	2	3	4
5	6	7	8	9	10	11
12	13	14	15	16	17	18
19	20	21	22	23	24	25
26	27	28	29	30	31	

November An t-Samhain

M	T	W	T	F	S	S
						1
2	3	4	5	6	7	8
9	10	11	12	13	14	15
16	17	18	19	20	21	22
23	24	25	26	27	28	29
30						

December An Dùbhlachd

M	T	W	T	F	S	S
	1	2	3	4	5	6
7	8	9	10	11	12	13
14	15	16	17	18	19	20
21	22	23	24	25	26	27
28	29	30	31			

2021

January Am Faoilleach

M	T	W	T	F	S	S
				1	2	3
4	5	6	7	8	9	10
11	12	13	14	15	16	17
18	19	20	21	22	23	24
25	26	27	28	29	30	31

February An Gearran

M	T	W	T	F	S	S
1	2	3	4	5	6	7
8	9	10	11	12	13	14
15	16	17	18	19	20	21
22	23	24	25	26	27	28

March Am Màrt

M	T	W	T	F	S	S
1	2	3	4	5	6	7
8	9	10	11	12	13	14
15	16	17	18	19	20	21
22	23	24	25	26	27	28
29	30	31				

April An Giblean

M	T	W	T	F	S	S
			1	2	3	4
5	6	7	8	9	10	11
12	13	14	15	16	17	18
19	20	21	22	23	24	25
26	27	28	29	30		

May An Cèitean

M	T	W	T	F	S	S
					1	2
3	4	5	6	7	8	9
10	11	12	13	14	15	16
17	18	19	20	21	22	23
24	25	26	27	28	29	30
31						

June An t-Ògmhios

M	T	W	T	F	S	S
	1	2	3	4	5	6
7	8	9	10	11	12	13
14	15	16	17	18	19	20
21	22	23	24	25	26	27
28	29	30				

July An t-Iuchar

M	T	W	T	F	S	S
			1	2	3	4
5	6	7	8	9	10	11
12	13	14	15	16	17	18
19	20	21	22	23	24	25
26	27	28	29	30	31	

August An Lùnastal

M	T	W	T	F	S	S
						1
2	3	4	5	6	7	8
9	10	11	12	13	14	15
16	17	18	19	20	21	22
23	24	25	26	27	28	29
30	31					

September An t-Sultain

M	T	W	T	F	S	S
		1	2	3	4	5
6	7	8	9	10	11	12
13	14	15	16	17	18	19
20	21	22	23	24	25	26
27	28	29	30			

October An Dàmhair

M	T	W	T	F	S	S
				1	2	3
4	5	6	7	8	9	10
11	12	13	14	15	16	17
18	19	20	21	22	23	24
25	26	27	28	29	30	31

November An t-Samhain

M	T	W	T	F	S	S
1	2	3	4	5	6	7
8	9	10	11	12	13	14
15	16	17	18	19	20	21
22	23	24	25	26	27	28
29	30					

December An Dùbhlachd

M	T	W	T	F	S	S
		1	2	3	4	5
6	7	8	9	10	11	12
13	14	15	16	17	18	19
20	21	22	23	24	25	26
27	28	29	30	31		

Hens.
ERRAID.

Monday Diluain   16

Tuesday Dimàirt   17

Wednesday Diciadain   18

Thursday Diardaoin   19

Friday Dihaoine   20

Saturday Disathairne   Winter Solstice Grian-stad a' Gheamhraidh   21

Sunday Didòmhnaich   22

'Lord of the Isles'
— Leaving Oban —

December
An Dùbhlachd

23   **Monday** Diluain

24   Christmas Eve Oidhche nam Bannag   **Tuesday** Dimàirt

25   Christmas Day Là na Nollaige   **Wednesday** Diciadain

26   Boxing Day Là nam Bogsa   **Thursday** Diardaoin
        Bank Holiday Là-fèill Banca

Friday Dihaoine   27

Saturday Disathairne   28

Sunday Didòmhnaich   29

30   **Monday** Diluain

31   Hogmanay Oidhche Challainn   **Tuesday** Dimàirt

1   New Year's Day Là na Bliadhn' Ùire   **Wednesday** Diciadain
      Bank Holiday Là-fèill Banca

2   Bank Holiday (Scotland) Là-fèill Banca   **Thursday** Diardaoin

Bakeshare from Carinish

Friday Dihaoine 3

Saturday Disathairne 4

Sunday Didòmhnaich 5

N. VIST.

January
Am Faoilleach

6   **Monday** Diluain

7   **Tuesday** Dimàirt

8   **Wednesday** Diciadain

9   **Thursday** Diardaoin

10   **Friday** Dihaoine

Oystercatcher.

·Harris· Loch Seaforth Border ·Lewis·

Saturday Disathairne   11

Sunday Didòmhnaich   12

January
Am Faoilleach

13	Monday Diluain
14	Tuesday Dimàirt
15	Wednesday Diciadain
16	Thursday Diardaoin

· Raasay ·

Friday Dihaoine 17

Saturday Disathairne 18

Sunday Didòmhnaich 19

January

Am Faoilleach

20   Monday Diluain

21   Tuesday Dimàirt

22   Wednesday Diciadain

23   Thursday Diardaoin

· Crofthouses · Jura ·

Garrynahine - Lewis

Friday Dihaoine

24

Saturday Disathairne

Burns Night Fèill Burns 25

Sunday Didòmhnaich

26

January February
Am Faoilleach An Gearran

27	Monday Diluain
28	Tuesday Dimàirt
29	Wednesday Diciadain
30	Thursday Diardaoin
31	Friday Dihaoine
1	Saturday Disathairne
2 Candlemas Là Fhèill Moire nan Coinnlean	Sunday Didòmhnaich

Shrine
IOCHDAR.
S. UIST.

February

An Gearran

3	**Monday** Diluain
4	**Tuesday** Dimàirt
5	**Wednesday** Diciadain
6	**Thursday** Diardaoin

Friday Dihaoine 7

Saturday Disathairne 8

Sunday Didòmhnaich 9

· Portree · Skye ·

February
An Gearran

10	Monday Diluain

11	Tuesday Dimàirt

12	Wednesday Diciadain

13	Thursday Diardaoin

· Scalpay · HARRIS ·

Friday Dihaoine   St Valentine's Day Là Fhèill Uailein   14

Saturday Disathairne   15

Sunday Didòmhnaich   16

Gylon
Castle.
Kerrera.

Monday Diluain 17

Tuesday Dimàirt 18

Wednesday Diciadain 19

Thursday Diardaoin 20

Friday Dihaoine 21

Saturday Disathairne 22

Sunday Didòmhnaich 23

February
An Gearran

24		**Monday** Diluain

25	Shrove Tuesday Dimàirt Inid	**Tuesday** Dimàirt

26	Ash Wednesday Diciadain na Luaithre	**Wednesday** Diciadain

Rum, Muck a Eigg from Cairns of Coll
. Minke whale to starboard .

Thursday Diardaoin   27

Friday Dihaoine   28

Saturday Disathairne   29

Sunday Didòmhnaich   St David's Day Là Fhèill Dhaibhidh   1

March

Am Màrt

2	Monday Diluain
3	Tuesday Dimàirt
4	Wednesday Diciadain
5	Thursday Diardaoin
6	Friday Dihaoine
7	Saturday Disathairne
8	Sunday Didòmhnaich

· The Heronry · Gallanach
· Coll ·

March

Am Màrt

| 9 | Monday Diluain |

| 10 | Tuesday Dimàirt |

| 11 | Wednesday Diciadain |

| 12 | Thursday Diardaoin |

· Outer Isles from Skye ·

Friday Dihaoine 13

Saturday Disathairne 14

Sunday Didòmhnaich 15

ENTRANCE TO
CANNA
HOUSE

March
Am Màrt

---

16   **Monday** Diluain

---

17   St Patrick's Day La Fhèill Pàdraig   **Tuesday** Dimàirt
      Bank Holiday (Northern Ireland)

---

18   **Wednesday** Diciadain

Thursday Diardaoin 19

Friday Dihaoine   Vernal Equinox Co-fhad-thràth an Earraich 20

Saturday Disathairne 21

Sunday Didòmhnaich   Mothers' Day Là nam Màthair 22

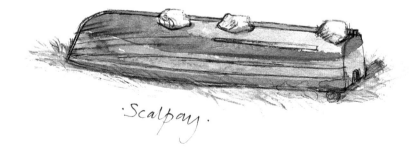

·Scalpay·

March

Am Màrt

23	Monday Diluain

24	Tuesday Dimàirt

25	Wednesday Diciadain

26	Thursday Diardaoin

· Back Door ·
Camus Lusta
Isle of Skye

Windy Bay
Kilon an Bay.
The Golden Sands.
COLONSAY ⌣

Friday Dihaoine   27

Saturday Disathairne   28

Sunday Didòmhnaich   British Summer Time begins 29
                                                Uair Shamhraidh Bhreatainn

March / April

Am Màrt / An Giblean

30	Monday Diluain
31	Tuesday Dimàirt
1 April Fools' Day Là na Gogaireachd	Wednesday Diciadain
2	Thursday Diardaoin
3	Friday Dihaoine
4	Saturday Disathairne
5 Palm Sunday Didòmhnaich Tùrnais	Sunday Didòmhnaich

· Port na Luing Window · Coll ·

| 6 | Monday Diluain |

| 7 | Tuesday Dimàirt |

| 8 | Wednesday Diciadain |

Easter Sunday. Holy Isle, Arran from St Blane's, Bute (long after the dawn has risen.)

Thursday Diardaoin　　　　　　　Maundy Thursday Diardaoin a' Bhrochain Mhòir　　9

Friday Dihaoine　　　　　　　Good Friday Dihaoine na Càisge　10

Saturday Disathairne　　　　　　　11

Sunday Didòmhnaich　　　　　　　Easter Sunday Didòmhnaich na Càisge　12

April
An Giblean

13	Easter Monday Diluain na Càisge	**Monday** Diluain

14	**Tuesday** Dimàirt

15	**Wednesday** Diciadain

16	**Thursday** Diardaoin

Friday Dihaoine 17

Saturday Disathairne 18

Sunday Didòmhnaich 19

- St. Kilda Group -

Rum & Kylebhan at the New Pier

Monday Diluain 20

Tuesday Dimàirt 21

Wednesday Diciadain 22

Thursday Diardaoin St George's Day Là an Naoimh Seòras 23

Friday Dihaoine 24

Saturday Disathairne 25

Sunday Didòmhnaich 26

April
An Giblean

27	Monday Diluain

28	Tuesday Dimàirt

29	Wednesday Diciadain

30	Thursday Diardaoin

Friday Dihaoine   **Beltane** Là Buidhe Bealltainn   1

Saturday Disathairne   2

Sunday Didòmhnaich   3

- Neist Lighthouse - Isle of Skye

Roadside
Lismore Orchid
May 21
ACTUAL SIZE
(11" to base ·)
Early Purple?

Monday Diluain · Bank Holiday Là-fèill Banca · 4

Tuesday Dimàirt · 5

Wednesday Diciadain · 6

Thursday Diardaoin · 7

Friday Dihaoine · 8

Saturday Disathairne · 9

Sunday Didòmhnaich · 10

May
An Cèitean

11	Monday Diluain
12	Tuesday Dimàirt
13	Wednesday Diciadain
14	Thursday Diardaoin
15	Friday Dihaoine

Rhododendrons . Gigha

Carpets of pink purslane,
garlic, bluebells, forget-me-
nots, aconites & primroses
COLONSAY HOUSE GARDENS.

18   Monday Diluain

19   Tuesday Dimàirt

20   Wednesday Diciadain

21   Ascension Day Deasghabhail   Thursday Diardaoin

22   Friday Dihaoine

23   Saturday Disathairne

24   Sunday Didòmhnaich

Kildalton Cross -
Islay

cows or sheep
have topped all the other daffodils

May
An Cèitean

| 25 | Spring Bank Holiday Là-fèill Banca an Earraich | Monday Diluain |

| 26 | | Tuesday Dimàirt |

| 27 | | Wednesday Diciadain |

| 28 | | Thursday Diardaoin |

OPEN

outside Harmony Villa

SCADABAY

Dyed wool

· Harris

URAGAIG
COLONSAY

| Friday Dihaoine | 29 |

| Saturday Disathairne | 30 |

| Sunday Didòmhnaich | Whitsunday or Pentecost Didòmhnaich na Caingis | 31 |

June

An t-Ògmhios

1   **Monday** Diluain

2   **Tuesday** Dimàirt

3   **Wednesday** Diciadain

4   **Thursday** Diardaoin

Friday Dihaoine 5

Saturday Disathairne 6

Sunday Didòmhnaich 7

- Wild Goats on Cara · Gigha

· CORRIE · Washing Line
· ARRAN ·

· SUNDAY is the best day to wash in running water

Monday Diluain   8

Tuesday Dimàirt   9

Wednesday Diciadain   10

Thursday Diardaoin   11

Friday Dihaoine   12

Saturday Disathairne   13

Sunday Didòmhnaich   14

June
An t-Ògmhios

15	Monday Diluain

16	Tuesday Dimàirt

17	Wednesday Diciadain

Flora Johnstone's Shell Bus. "It took 4 months". · S. Uist .

An Turas ~ The Journey. Tiree

Thursday Diardaoin   18

Friday Dihaoine   19

Saturday Disathairne   Summer Solstice Grian-stad an t-Samhraidh 20

Sunday Didòmhnaich   Fathers' Day Là nan Athair   21

June
An t-Ògmhios

22		Monday Diluain

23		Tuesday Dimàirt

24		Wednesday Diciadain

25		Thursday Diardaoin

26		Friday Dihaoine

27		Saturday Disathairne

28		Sunday Didòmhnaich

Sandy's Dad & friend "planting"
trays of oysters (100,000) in Pol Gorm

The Strand   Colonsay / Oronsay

June An t-Ògmhios   July An t-Iuchar

| 29 | Monday Diluain |

| 30 | Tuesday Dimàirt |

| 1 | Wednesday Diciadain |

| 2 | Thursday Diardaoin |

CASTLEBAY
A Sunday Afternoon,
& then the coal boat
came in . . . .

Old Pier · Craighouse ·
JURA ·

~ Weighting for the Visitors .

Friday Dihaoine

3

Saturday Disathairne

4

Sunday Didòmhnaich

5

July
An t-Iuchar

6	**Monday** Diluain
7	**Tuesday** Dimàirt
8	**Wednesday** Diciadain
9	**Thursday** Diardaoin
10	**Friday** Dihaoine
11	**Saturday** Disathairne
12	**Sunday** Didòmhnaich

Na Cuir Luath Theth Ann

(No Hot Ashes)
Deserted House
north of LOCHMADDY

July
An t-Iuchar

13   Bank Holiday (Northern Ireland) Là-fèill Banca   **Monday** Diluain

14   **Tuesday** Dimàirt

15   St Swithin's Day Là Fhèill Màrtainn Builg   **Wednesday** Diciadain

Thursday Diardaoin   16

Friday Dihaoine   17

Saturday Disathairne   18

Sunday Didòmhnaich   19

The Old, the New and the Not-so-New · TIREE

Coll
Port na
Luing.

Monday Diluain 20

Tuesday Dimàirt 21

Wednesday Diciadain 22

Thursday Diardaoin 23

Friday Dihaoine 24

Saturday Disathairne 25

Sunday Didòmhnaich 26

July
An t-Iuchar

27	Monday Diluain

28	Tuesday Dimàirt

29	Wednesday Diciadain

30	Thursday Diardaoin

Sheiling & peatbanks
inland from STORNOWAY
· LEWIS ·

Friday Dihaoine   **31**

Saturday Disathairne   Lammas Lùnastal   **1**

Sunday Didòmhnaich   **2**

· Mainland hills to the East ·

· TUESDAY is a good day for reaping ····

August
An Lùnastal

| 3 | Bank Holiday (Scotland) Là-fèill Banca | Monday Diluain |

| 4 | | Tuesday Dimàirt |

| 5 | | Wednesday Diciadain |

| 6 | | Thursday Diardaoin |

| 7 | | Friday Dihaoine |

| 8 | | Saturday Disathairne |

| 9 | | Sunday Didòmhnaich |

Ardtalla : ISLAY...

recycled
cattle troughs.

10 Monday Diluain

11 Tuesday Dimàirt

THE SAILOR'S GRAVE
HERE LIES
JOHN McLEAN
DIED
12 AUGUST
1854

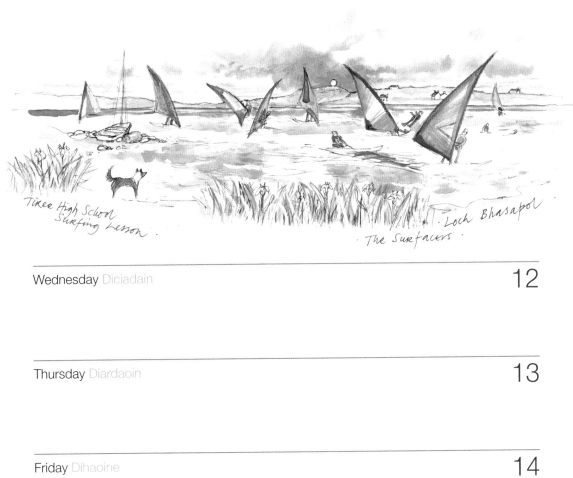

Tiree High School Surfing Lesson.

The Surfacers.

Loch Bhasapol

Wednesday Diciadain | 12

Thursday Diardaoin | 13

Friday Dihaoine | 14

Saturday Disathairne | 15

Sunday Didòmhnaich | 16

· Lunga ·   Treshnish   · Bac Mòr ·

August
An Lùnastal

17	Monday Diluain

18	Tuesday Dimàirt

19	Wednesday Diciadain

20	Thursday Diardaoin

Friday Dihaoine 21

Saturday Disathairne 22

Sunday Didòmhnaich 23

Tobermory Race Day

Mull.

August
An Lùnastal

24   **Monday** Diluain

25   **Tuesday** Dimàirt

26   **Wednesday** Diciadain

27   **Thursday** Diardaoin

COLL

Lismore

Deserted Salen opposite flourishing Gleusanda

Friday Dihaoine   28

Saturday Disathairne   29

Sunday Didòmhnaich   30

Bhalarsaidh

The
Stones
at
Eorisdale

August September

An Lùnastal   An t-Sultain

Monday Diluain	Summer Bank Holiday (not Scotland) 31
	Là-fèill Banca an t-Samhraidh

Tuesday Dimàirt   1

Wednesday Diciadain   2

Thursday Diardaoin   3

Friday Dihaoine   4

Saturday Disathairne   5

Sunday Didòmhnaich   6

September
An t-Sultain

7	Monday Diluain
8	Tuesday Dimàirt
9	Wednesday Diciadain
10	Thursday Diardaoin
11	Friday Dihaoine
12	Saturday Disathairne
13	Sunday Didòmhnaich

- Grey Seals Jacuzzi -
- St. Kilda -

Carloway
Barvas
A858

Uig B8011
Gt Bernera
(B 8059)

. peats home for winter
· LEWIS ·

September

An t-Sultain

Monday Diluain   14

Tuesday Dimàirt   15

Wednesday Diciadain   16

Thursday Diardaoin   17

Friday Dihaoine   18

Saturday Disathairne   19

Sunday Didòmhnaich   20

September

21		**Monday** Diluain

22	**Autumnal Equinox** Co-fhad-thràth an Fhoghair	**Tuesday** Dimàirt

23		**Wednesday** Diciadain

Lewis

Lews Castle '06 — all the trees gone

Thursday Diardaoin 24

Friday Dihaoine 25

Saturday Disathairne 26

Sunday Didòmhnaich 27

Scalpay
The New Bridge

September
An t-Sultain

28	**Monday** Diluain

29	**Tuesday** Dimàirt

30	**Wednesday** Diciadain

October

An Dàmhair

Thursday Diardaoin	1

Friday Dihaoine	2

Saturday Disathairne	3

Sunday Didòmhnaich	Grandparents' Day 4
	Latha nan Seanmhair 's nan Seanair

October
An Dàmhair

| 5 | Monday Diluain |

| 6 | Tuesday Dimàirt |

| 7 | Wednesday Diciadain |

| 8 | Thursday Diardaoin |

St. Kilda · Stac Lée ~ bracelets of gannet guano

Friday Dihaoine 9

Saturday Disathairne 10

Sunday Didòmhnaich 11

October

12 — Monday Diluain

13 — Tuesday Dimàirt

14 — Wednesday Diciadain

The geese, the geese . . . .

Thursday Diardaoin 15

Friday Dihaoine 16

Saturday Disathairne 17

Sunday Didòmhnaich 18

Killinallan · Islay ·

North Smerclate
S. Uist .

October
An Dàmhair

Monday Diluain 19

Tuesday Dimàirt 20

Wednesday Diciadain 21

Thursday Diardaoin 22

Friday Dihaoine 23

Saturday Disathairne 24

Sunday Didòmhnaich 25

British Summer Time ends
Crìoch Uair Shamhraidh Bhreatainn

Ness P.O. Lewis
Hallowe'en Masks at the window

October
An Dàmhair

26	Monday Diluain

27	Tuesday Dimàirt

28	Wednesday Diciadain

29	Thursday Diardaoin

October   November

An Dàmhair   An t-Samhain

Friday Dihaoine   30

Saturday Disathairne   Hallowe'en Oidhche Shamhna   31

Sunday Didòmhnaich   All Saints' Day Fèill nan Uile Naomh   1

The Old
& the New.
STOVES
Lighthouses
ERRAID.

PLEASE NOTE
Passengers Landing On
STAFFA
Do so at their own risk

Approaching Staffa.
Davy Kilpatrick at the helm.

November
An t-Samhain

2		Monday Diluain

3		Tuesday Dimàirt

4		Wednesday Diciadain

5	Guy Fawkes Night Oidhche Ghuy Fawkes	Thursday Diardaoin

Friday Dihaoine   6

Saturday Disathairne   7

Sunday Didòmhnaich   Remembrance Sunday   8
Didòmhnaich Cuimhneachaidh

· Postbox · ARRAN ·

November

An t-Samhain

9 — Monday Diluain

10 — Tuesday Dimàirt

11 — Martinmas Là Fhèill Màrtainn — Wednesday Diciadain

12 — Thursday Diardaoin

The Geolly Boys. Corrie · Early Morning

SOUVENIR 50p to 10/ Please put NOTELETS money in tin
OF IOBERMORY/CROIG/MAJ # MULL

ALL HOME MADE ASSORTED JAM
PRICE ACCORDING TO WEIGHT
MARKED ON JAR PLEASE PUT IN TIN

CROIG
Mull

Mrs. Galbraith's
Honesty Box

Friday Dihaoine   13

Saturday Disathairne   14

Sunday Didòmhnaich   15

Rhuns of Islay
Lighthouse.

from deserted (12th) chapel. Soon lighthouse
to be deserted. Computers
already installed

November

An t-Samhain

Monday Diluain   16

Tuesday Dimàirt   17

Wednesday Diciadain   18

Thursday Diardaoin   19

Friday Dihaoine   20

Saturday Disathairne   21

Sunday Didòmhnaich   22

November
An t-Samhain

23	Monday Diluain

24	Tuesday Dimàirt

25	Wednesday Diciadain

· Tobermory · Mull ·

MONDAY is the best day to move house from North to South.

Boat Day. Tiree.

FERRY TRAFFIC
HERE

Thursday Diardaoin   26

Friday Dihaoine   27

Saturday Disathairne   28

Sunday Didòmhnaich   29

November December

An t-Samhain   An Dùbhlachd

30 St Andrew's Day Là an Naoimh Anndras   **Monday** Diluain
     Bank Holiday (Scotland) Là-fèill Banca

1   **Tuesday** Dimàirt

2   **Wednesday** Diciadain

3   **Thursday** Diardaoin

4   **Friday** Dihaoine

5   **Saturday** Disathairne

6   **Sunday** Didòmhnaich

· St. Kilda ·   · Stac an Armin   Stac Lee ·

Conachair

December
An Dùbhlachd

| 7 | Monday Diluain |

| 8 | Tuesday Dimàirt |

| 9 | Wednesday Diciadain |

| 10 | Thursday Diardaoin |

| 11 | Friday Dihaoine |

· Wren ·
· St.Kilda ·

Brodick: Arran.

Saturday Disathairne 12

Sunday Didòmhnaich 13

December
An Dùbhlachd

14	Monday Diluain

15	Tuesday Dimàirt

16	Wednesday Diciadain

The Castles of Coll and the Treshnish Isles
Staffa↑

Thursday Diardaoin   17

Friday Dihaoine   18

Saturday Disathairne   19

Sunday Didòmhnaich   20

Isle of Skye
Torrin

Blaven

December

An Dùbhlachd

Monday Diluain	Winter Solstice Grian-stad a' Gheamhraidh	21

Tuesday Dimàirt		22

Wednesday Diciadain		23

Thursday Diardaoin	Christmas Eve Oidhche nam Bannag	24

Friday Dihaoine	Christmas Day Là na Nollaige	25

Saturday Disathairne	Boxing Day Là nam Bogsa	26

Sunday Didòmhnaich		27

December
An Dùbhlachd

28 Bank Holiday (Scotland)
Là-fèill Banca

Monday Diluain

29

Tuesday Dimàirt

30

Wednesday Diciadain

31 Hogmanay Oidhche Challainn

Thursday Diardaoin

FRIDAY is lucky for making bargains....

MORRISON'S DISTILLERY
BOWMORE
ISLAY
EᵢᵢR
5775   1980
509

The Queen's Barrel

Jura Paps from Gigha.

January
Am Faoilleach 2021

Friday Dihaoine

New Year's Day Là na Bliadhn' Ùire
Bank Holiday Là-fèill Banca

1

Saturday Disathairne

2

Sunday Didòmhnaich

3

January
Am Faoilleach

4	Bank Holiday (Scotland) Là-fèill Banca	Monday Diluain

5	Tuesday Dimàirt

6	Wednesday Diciadain

7	Thursday Diardaoin

8	Friday Dihaoine

9	Saturday Disathairne

10	Sunday Didòmhnaich

January 2021
Am Faoilleach

1	New Year's Day Là na Bliadhn' Ùire	Friday Dihaoine
2		Saturday Disathairne
3		Sunday Didòmhnaich
4	Bank Holiday (Scotland) Là-fèill Banca	Monday Diluain
5		Tuesday Dimàirt
6		Wednesday Diciadain
7		Thursday Diardaoin
8		Friday Dihaoine
9		Saturday Disathairne
10		Sunday Didòmhnaich
11		Monday Diluain
12		Tuesday Dimàirt
13		Wednesday Diciadain

14		Thursday Diardaoin
15		Friday Dihaoine
16		Saturday
17		Sunday
18		Monday Diluain
19		Tuesday Dimàirt
20		Wednesday Diciadain
21		Thursday Diardaoin
22		Friday Dihaoine
23		Saturday
24		Sunday
25	Burns Night Fèill Burns	Monday Diluain
26		Tuesday Dimàirt
27		Wednesday Diciadain
28		Thursday Diardaoin
29		Friday Dihaoine
30		Saturday
31		Sunday

Notes

Notes

Notes

Notes

Notes

Notes

Notes

Notes

Caledonian MacBrayne Contact Details:
Enquiries and Reservations: 0800 066 5000
www.calmac.co.uk

Hebridean Celtic Festival, Isle of Lewis
www.hebceltfest.com

Royal National Mòd: www.ancomunn.co.uk

Fèisean nan Gàidheal: www.feisean.org

Shipping Forecast BBC Radio 4 – 92.4–94.6 FM,
1515m (198kHz): 00:48, 05:20, 12:01, 17:54

NORTHBAY

BARRA